CONOCIENDO AL DIOS REAL

CONOCIENDO AL DIOS REAL

Dr. Telva Miller

Copyright © 2023 **Dra. Telva Miller**

Todos los derechos reservados. Ninguna parte de esta publicación puede ser reproducida, distribuida o transmitida de ninguna forma ni por ningún medio, incluidas fotocopias, grabaciones u otros métodos electrónicos o mecánicos, sin el permiso previo por escrito del editor, excepto en el caso de citas breves incluidas en reseñas críticas y ciertos otros usos no comerciales permitidos por la ley de derechos de autor. Para solicitudes de permiso, escriba al editor, con la dirección "Atención: derechos y permisos del libro", a la dirección que se indica a continuación.

Publicado en los Estados Unidos de América

ISBN 978-1-960159-18-2 (SC)
ISBN 978-1-960159-19-9 (libro electrónico)

Dra. Telva Miller
2397; Gran paseo por el puerto
Kissimmee, Florida
http://drtelvamiller.com/

Información de pedido y permiso de derechos:

Ventas por cantidad. Descuentos especiales pueden estar disponibles en compras de cantidad por parte de corporaciones, asociaciones y otros. Para obtener más información, póngase en contacto con el editor en la dirección anterior.

Para Adaptación de Derechos de Libros y Permiso de otros Derechos. Llámenos al número gratuito 1-888-945-8513 o envíenos un correo electrónico a admin@stellarliterary.com.

Agradecimientos

A mi madre, Janice C. Knox, y a mi abuela, Dorothy M. Pinellas. Gracias por todos los sacrificios, aliento y el amor que me han mostrado. Las extraño y las amo mucho, pero sé que las volveré a ver.

Contents

Agradecimientos ix

Introducción xi

Capítulo Uno Mi comienzo 1

Capítulo Dos Escuchando y moviendome con fe 9

Capítulo Tres Problemas paternales 21

Capítulo Cuatro Dios permite las tormentas 29

Capítulo Cinco Mi experiencia de trabajo 33

Capítulo Seis Mi año de superación 43

Conclusión 47

Bibliografía 49

Acerca De La Autora 51

Agradecimientos

Doy toda la gloria a mi Señor y Salvador. La inspiración para escribir este libro realmente vino de Dios. El Señor es mi vida y no puedo hacer nada sin Él. Ruego que este libro se use para inspirar a otros a descubrir y vivir la vida que Dios ha propuesto.

A mi esposo, Mark Miller: gracias por los años de apoyo. Siempre me has inspirado a dar un paso más. Te amo y aprecio inmensamente. Que Dios siga bendiciendo esta unión.

A mi papá, Albert Knox: gracias por todo lo que hiciste por mi mamá y por cada uno de nosotros durante nuestros años de infancia.

A mis hijos, Shallondra, Jarrod y Jelena: hubo momentos en que los llamé para pedir ayuda financiera o simplemente una palabra de aliento y estuvieron ahí para apoyarme. Gracias, los amo.

A mi papá, Earl Holmes: gracias por tu apoyo durante mis tormentas.

A Marilyn Miller: Muchas gracias por estar siempre ahí para Mark y para mí. Charlotte, gracias por estar siempre disponible. Gracias por tu inspiración y aliento cuando quería rendirme. Te aprecio y te amo inmensamente.

Dr. Bonds, usted y yo hemos crecido a través de nuestros estudios de doctorado y desafíos personales. Gracias por ser mi coeditor, amigo y mentor. Realmente le amo y le aprecio.

A mi hermana Paula: gracias por estar ahí mientras yo pasaba por mis tormentas. Te amo.

Melissa, gracias por el maravilloso cuidado que le brindó a mi madre. Siempre estaré agradecida.

Introducción

Creo que cada uno de nosotros desarrolla sus experiencias individuales con Dios. Estoy segura de que todos estamos destinados a un propósito asignado por Dios. Es el desarrollo de una relación personal entre tú y Dios lo que crea un conducto para que uno descubra su propósito terrenal. Uno debe cultivar una relación con Dios ofreciendo su tiempo, recursos, vida de oración, flexibilidad con la dirección, así como la capacidad de negarse a uno mismo. En Lucas 9:23, se dice que, "si alguno quiere venir en pos de mí, debe negarse a sí mismo, tomar su cruz cada día y seguirme". Esta escritura simplemente declara que Jesús estaba diciendo que uno necesita dar muerte a los planes y deseos personales, entregándole su vida y haciendo Su voluntad diariamente.

CAPÍTULO *Uno*

MI COMIENZO

Después de graduarme de la escuela secundaria y pasar a la universidad, dediqué mis esfuerzos a mi proceso educativo. Tomé la decisión consciente de tener éxito, a pesar de los errores que cometí durante mis años de secundaria y preparatoria. Las investigaciones han demostrado que el hecho de que el padre esté involucrado en la crianza entre los siete y los dieciséis años podría proteger en los niños de los desafíos psicológicos más adelante en su vida adulta, especialmente en el caso de las mujeres. Posteriormente, supe que el catalizador de muchas de mis malas decisiones con respecto a las relaciones, antes de mi matrimonio, provino de no recibir el reconocimiento y la aceptación de uno de mis padres biológicos. Este eslabón perdido fundamental resultó en la aceptación de acciones propias de relaciones inferiores, como el abuso físico o el ser la otra mujer en una relación. Me doy cuenta, sin lugar a dudas, que Dios protegió mi mente.

Recuerdo a un profesor universitario que me dijo: "Hodge, nunca lo lograrás". Las lágrimas se derramaron como un torrente. No podía comprender cómo un educador podía pronunciar palabras tan duras a un estudiante. Esa frase destrozó subliminalmente mi confianza; eran un grito de fracaso. Después de varios años de universidad, quedé embarazada. No permití que el embarazo detuviera mi progreso y tuve todo el apoyo de mis padres. Después de dar a luz a mi hija, sin embargo, fallé en la escuela de enfermería. Mi madre viajó a Tallahassee para ayudarme a recoger mis cosas y regresé a casa. Una vez más, sintiéndome como un fracaso, tuve algunas decisiones muy importantes que tomar. Aunque era mamá primeriza, regresé a la escuela y el resto fue historia.

Mi proceso personal de conocer a Dios comenzó hace aproximadamente catorce años. Siempre he sentido un llamado especial sobre mi vida. Me crié en la iglesia, me gradué de Valencia Community College en 1990, pero sentí que faltaba algo. Hubo momentos en mi camino universitario en los que clamaba a Dios y siempre me hizo saber Su presencia. Recuerdo orar a Dios por un esposo y pedirle requisitos específicos y, afortunadamente, todos se manifestaron en la persona con la que elegí casarme en 1993. En 1995, compramos nuestra primera casa y acepté un puesto de tiempo completo como instructora de enfermería. Siempre había poseído una fuerte pasión por enseñar y ayudar a los demás. Después de aproximadamente seis años de enseñar a estudiantes de enfermería, adquirí una pasión por ayudarlos a aprobar el examen estatal. Investigué y apliqué a una organización que buscaba instructores. Envié mi currículum, solo para que me dijeran que no tenía la experiencia docente requerida. ¡Estaba absolutamente devastada! Llamé a mi abuela y compartí con ella los comentarios que recibí, y ella pronunció las palabras "haz tu propio programa". Esto encendió un fuego en mi interior, fue el catalizador de algo nuevo.

En 2001, comencé a informarme sobre las complejidades de iniciar un negocio. Investigué las áreas que incluían la obtención de una licencia comercial, el desarrollo de un plan de negocios, la apertura de una cuenta comercial y la contratación de un contador. También me comuniqué con la Junta de enfermería de Florida (FBON) para determinar los requisitos para iniciar un programa para ayudar a los enfermeros graduados a aprobar el Examen de licencia del consejo nacional (NCLEX) y, por último, recopilé los materiales curriculares necesarios para el curso. Finalmente, aproximadamente cuatro meses después, nació Millers Nursing Review; Sabía que la mano de Dios estaba sobre ese programa. Hice un anuncio para mi primera clase y recibí a diez estudiantes de enfermería recién graduados. La primera clase fue un éxito absoluto y realmente sentí que esta era mi vocación.

Recuerdo vívidamente tres huracanes que arrasaron Kissimmee, Florida en 2004. Mi familia y yo nos despertamos con las tejas del techo golpeando el suelo. Una vez que pasó el último huracán, mi casa quedó inhabitable. Tuvimos el tiempo justo para tomar nuestros documentos de seguro, mi bolso y salimos con la ropa que llevábamos puesta. Esto me llevó a conocer a Dios a un nivel más profundo. Empecé a ver y escuchar a diferentes ministros en la televisión, escuchar CD y tomar muchas notas. Me intrigó la idea de obtener más conocimiento acerca de Él. Aprendí más sobre la Palabra de Dios y la esencia de cómo debe ser usada. Durante las próximas dos semanas, mi techo se derrumbó y todo en mi casa quedó destruido. Mi esposo y mis hijos se mudaron con mis padres simplemente porque no teníamos a dónde ir.

Aproximadamente seis meses después, tuvimos la suerte de encontrar un apartamento de dos habitaciones. Aunque estábamos en la transición de una casa de cuatro habitaciones a una de una habitación en la casa de mis padres, firmamos un contrato de arrendamiento de un año para tener nuestro propio lugar para vivir. Mientras continuaba orando, pude ver la mano de Dios. El dinero del seguro que recibimos de la casa pagó la reconstrucción, el alquiler del apartamento y todos los elementos esenciales necesarios para sobrevivir. Recuerdo haber aprendido la Escritura que decía "llama las cosas que no son como si fueran" (Rom. 4:17). Repasar esta Escritura literalmente me dio poder para caminar por mi casa, que tenía moho, paredes fétidas, techos derrumbados y pisos inundados, y citar la Palabra de Dios según Romanos 4:17. Empecé a pedir CD y libros, para alinear mis pensamientos con la Palabra de Dios, de autores como Joyce Meyer, Creflo Dollar y T.D. Jakes. Pasé de decir y leer superficialmente la Palabra de Dios a decirla y creerla de todo corazón. Mi fe escaló a otro nivel. Empecé a tener sed de más de Su Palabra día y noche.

Aproximadamente un año después (2006), nuestra casa había sido reconstruida por completo, fue como si nos hubiésemos mudado a un nuevo hogar. Estábamos tan emocionados. Dentro del primer año de estar en casa, escuché claramente al Espíritu Santo decir que era hora de mudarme. Recuerdo que reflexioné sobre la idea de cómo decirle a mi esposo que, después de todo el arduo trabajo que puso en nuestra casa, ya no era para nosotros, sino para otra persona. Desarrollé una rutina de despertarme entre las tres y las seis de la mañana para buscar a Dios. Me uní a una iglesia pastoreada por una pareja que claramente habían sido llamados por Dios para entregar la Palabra. Estaba tan intrigada con su estilo de enseñanza y predicación. Diezmaba y asistía al estudio bíblico de los miércoles por la noche y a la iglesia todos los domingos. Mi esposo no apoyaba el ministerio y sentía que la organización estaba estrictamente impulsada por el dinero. A pesar de su creencia, me mantuve fiel al ministerio. Aprendí a reconocer la voz de Dios a través de un pensamiento, una idea, una Escritura que leía o, simplemente, escuchando la Palabra de Dios.

Mi comienzo

En 2006, el Espíritu Santo se posó en mi corazón para iniciar un programa de recuperación. Este curso es requerido por la Junta de enfermería de Florida para aquellos que no tuvieron éxito después de tres intentos de tomar el examen de enfermería. Recuerdo haberle dicho a Dios "no quiero hacer la recuperación". Más tarde me comuniqué con la junta para ver cuáles eran los requisitos para iniciar el programa. La persona que me proporcionó la información me preguntó si yo pertenecía a una escuela. Mi respuesta fue "soy un negocio privado", y ella se rió de mí y dijo que probablemente no me aprobarían. Mi respuesta fue "gracias por la información" y solicité los documentos necesarios. Un punto esencial para la aprobación era un acuerdo de afiliación con un hospital. Me comuniqué con el educador del Osceola Regional Hospital. Hice varios intentos, pero nadie me devolvió la llamada. Me desperté a la mañana siguiente y llamé a excusarme por enfermedad de mi trabajo de enseñanza de tiempo completo para viajar al hospital a visitar al educador.

Esa mañana, me desperté aproximadamente a las 4:30 am. Caminé directamente a mi armario para elegir un atuendo y luego procedí a completar mi tiempo personal con Dios. Me senté a orar y el Espíritu Santo dijo: "Ve y escoge un traje". Yo era la única persona despierta en mi casa y exclamé: "¿Un traje?". Me levanté de la mesa para volver a mi armario y seleccioné uno azul. Regresé a la mesa para completar mi tiempo personal con Dios.

Unas horas más tarde, fui al hospital a contactar a un viejo colega para que me ayudara a encontrar al educador. Le expliqué mis planes y mis intentos fallidos de contactar al educador. Ella me dijo: "Vamos a orar". Después de hacerlo, llamó al jefe de enfermería (CNO) y le explicó mi situación y le preguntó si tenía unos momentos para reunirse con nosotros. La CNO indicó que se presentaría en su oficina en cuarenta y cinco minutos. Después de la reunión, aceptó una afiliación entre el hospital y yo. Dios validó que escuché Su voz y por eso dijo que usara un traje. Aproximadamente cinco meses después, me convertí en la primera empresa en lograr la aprobación de la Junta de recuperación de enfermería de florida en el área de los tres condados.

Recuerdo estar en la iglesia alabando, adorando y sintiendo como si Dios me estuviera diciendo que ahora era el momento de confiar en Él para encontrar una ubicación comercial. Solo había estado alquilando lugares antes de sentir ese llamado hacia el negocio. Alquilaría salas de conferencias y, en última instancia, aulas universitarias. La inspiración se hizo más y más fuerte. Finalmente le dije a mi esposo: "Dios me está diciendo que dé un paso adelante y crea para encontrar un lugar". Inmediatamente comencé a pensar: "¿Cómo vamos a poder pagarlo?". Me acerqué a mi amiga personal y hermana adoptiva, Tashema Rembert, que era agente de bienes raíces y de préstamos. Después de compartir la visión, inmediatamente accedió a ayudarme.

Mi esposo y yo estábamos manejando un día y Dios me mostró una visión. En ella, estaba parada en el escenario de enseñanza de mi actual de la iglesia. ¡Me quedé hipnotizada! El milagro previsto fue que la iglesia compró un nuevo espacio y que el actual quedó vacante. Le hablé a Tashema de esa visión e, inmediatamente, se comunicó con la compañía propietaria del local. Me sorprendió la respuesta sobre el alquiler de ese lugar. El pago mensual comenzaba en aproximadamente $ 5000 por mes y aumentaría en un cierto porcentaje anualmente. Inmediatamente se asentó el miedo. Empecé a cuestionar mi conversación con Dios. Recuerdo orar más y recordarle a Dios su Palabra. La cité:

"Mi Dios no me ha dado espíritu de cobardía" (2 Timoteo 1:7) y "todo lo puedo en Cristo que me fortalece" (Filipenses 4:13). Tuve que meditar en la Palabra de Dios diariamente para vencer el miedo al que había sucumbido. Después de un par de meses, mi fe en la cima de la montaña había regresado. Decidí confiar en Dios, en su Palabra y seguir adelante. Completé el proceso de solicitud y Dios lo hizo de nuevo. La solicitud fue aprobada y Miller's Nursing Review tuvo un nuevo hogar. Mi fe estaba creciendo exponencialmente, mientras Dios continuaba validando que estaba escuchando Su voz. Dios cumplió con las obligaciones financieras. Los recursos se vertieron como una inundación durante aproximadamente dos o tres años.

CAPÍTULO DOS

ESCUCHANDO Y MOVIENDOME CON FE

En 2007, mi abuela murió. Recuerdo cuando la iglesia leyó las resoluciones (una declaración formal de la relación entre el difunto y su iglesia). Me di cuenta de que no recibí una de mi iglesia. Estaba devastada. Las palabras de mi esposo resonaron en mi oído y, de repente, me di cuenta de que era hora de dejar esa iglesia en particular. Respetuosamente, entregué una carta explicando que ya no asistiría a la iglesia. Sintiéndome frustrada y perdida, no estaba segura de dónde estaría mi nuevo hogar de confraternidad. Recuerdo que mi abuela, antes de morir, dijo, "por favor, dale una oportunidad a mi pastora". Añadió que era una persona muy genuina y amorosa. Regresé gradualmente a mi antigua iglesia para escuchar y ver a esta pastora llamada WillieBell Coleman.

Asistí a esta iglesia todos los domingos. Su espíritu, demostración de amor a los demás y conducta personal ejemplificaban el caminar de Jesús. Su amor se extendía a los pobres y a los que tenían ingresos de seis cifras. No había absolutamente ninguna diferencia o favoritismo demostrado. Pasé un total de diez años siguiendo a esta maravillosa mujer de Dios.

En 2010, comencé a ver una disminución en las finanzas comerciales. Las cosas se pusieron más difíciles. Hubo incrementos cuando no hubo suficientes ingresos para pagar el alquiler. Tuve que llamar a la empresa para explicar las dificultades financieras, así como para hacer acuerdos de pago. Hubo una temporada en la que se desconectó el teléfono de la empresa. Recuerdo que la compañía de servicios públicos entró al edificio y dijo: "Estamos aquí para desconectar sus servicios públicos, a menos que pueda pagar en los próximos diez minutos". Empecé a cuestionar mis conversaciones con Dios. Recuerdo reflexionar sobre por qué Él permitiría que esto sucediera. Estaba enojada, herida, decepcionada y totalmente incrédula acerca de la situación actual. Puedo recordar a mi esposo diciendo "¿dónde está Dios ahora?". Para colmo de males, estábamos atrasados con nuestra hipoteca y tuvimos que solicitar una modificación para evitar su ejecución sobre nuestra casa. Mi esposo y yo nos enfrentábamos a algunos Goliats.

El camino sinuoso me tenía en un lugar de desesperación. Sinceramente, quería renunciar. No me di cuenta de que, mientras estás en el camino con Dios, experimentarás algunas posiciones muy desafiantes, pero siempre debes recordar que incluso Jesús fue tentado. Las personas deben creer que cuando su fe es desafiada por la tentación, no se debe renunciar a las creencias acerca de Dios. Intenta esto:

Ninguna tentación se ha apoderado de ti excepto lo que es común al hombre. Dios es fiel, él no permitirá que seas tentado más allá de lo que puedas soportar. Cuando seas tentado, también proveerá una salida para que puedas resistir (I Corintios 10:13).

Deuteronomio 8:2 dice: "acuérdate que Jehová, tu Dios, te ha traído por el desierto estos cuarenta años, para afligirte y probarte, para saber lo que había en tu corazón". Aceptar tus momentos bajos te enseña a ser humilde ante Dios, así como a reconocer que no puedes hacerlo sin Él. Clamé a Dios pidiendo ayuda. Expresé verbalmente que no podía hacer esto sola. Dios siempre prevaleció y me mostró un camino cuando yo no veía uno.

Después de unos meses de muchos puntos bajos y de buscar a Dios, el Espíritu Santo me dijo: "del programa actual a uno universitario de enfermería". Mi pensamiento inmediato fue **"¿Qué?"**. No tenía absolutamente ningún deseo de comenzar una universidad. Escribí lo que escuché y continué con mi rutina normal hasta que Dios lo validó. Los estudiantes de enfermería al azar decían cosas como: "¿Alguna vez has pensado en comenzar un programa de enfermería?" O "Realmente te iría bien si comenzaras un programa de enfermería". Sabía que Dios me estaba desafiando y llamando a algo más grande. Además de lo anterior, inicié el programa de Doctorado. Tuve que aceptar conscientemente el desafío de iniciar un nuevo capítulo en mi carrera personal y profesional.

Empecé la investigación para iniciar un programa de enfermería. Después de varios meses de revisar los estatutos de la Junta de enfermería de Florida y de otros programas, inicié el proceso. Habacuc 2:2-3 dice, "escribe la visión y ponla en claro en tablas, para que corra el que la lea" Santiago 2:14 dice, "la fe sin obras está muerta". Trabajé diligentemente para equilibrar mi tiempo entre preparar a los estudiantes de enfermería para aprobar el examen estatal de enfermería, crear el plan de estudios para el programa de enfermería y trabajar en un doctorado. Pasé muchas horas detrás de puertas cerradas preparándome en secreto. Mis hijos decían cosas como "no tienes vida". Mi forma de relajación era simplemente ver una película o salir a comer de vez en cuando. Me di cuenta de que mi disfrute personal tenía que sucumbir a la misión.

Mientras continuaba trabajando fielmente para obtener la aprobación del programa de enfermería, contacté a un miembro de la familia que escribía para obtener subvenciones. Aceptó conducir desde Jacksonville para una reunión cara a cara. Después de dos a tres horas, me pidió tiempo para leer los documentos antes de tomar una decisión. Después de aproximadamente dos semanas, recibí una llamada telefónica. Rakinyna (la redactora en cuestión) accedió a hacer el proceso. Mi primera pregunta para ella fue cuánto cobraría. Su respuesta inmediata fue: "no te cobraré a menos que se apruebe la subvención". ¡Estaba eufórica! Su respuesta validó aún más lo que escuché de Dios. Meses de investigación y arduo trabajo se dedicaron a preparar una petición para una subvención de $4,000,000. Incluía los salarios de los maestros y el personal de apoyo, la compra de una escuela y el equipo. Finalmente, llegó el día de la presentación de la petición de subvención para su aprobación. Oramos diligentemente. Mi fe verdaderamente creía que Dios iba a aprobar esta subvención.

Aproximadamente tres o cuatro meses después, recibí una llamada que indicaba que la subvención no había sido aprobada. Experimenté una miríada de emociones encontradas, desde la ira hasta la tristeza. Mi nivel de fe se redujo hasta un punto muy bajo. Simplemente no podía entender por qué Dios no había permitido que se aprobara la subvención. Enojada y apresurada, tomé todo el trabajo que se había completado para la universidad y lo metí en el archivador. Con ira, le grité a Dios "cuando me muestres el dinero, seguiré adelante con la apertura de una universidad". Los documentos permanecieron en el archivador durante meses. Continué enseñando el curso NCLEX revisión y recuperación.

A medida que pasaba el tiempo, llegó el momento de comenzar otro curso de revisión. Continué con el mismo proceso. El segundo día de un nuevo curso, había una joven de la clase que, respetuosamente, pidió hablar conmigo en privado. Cuando se acercó a mi escritorio, sacó una ficha. Dijo que era una pastora que nunca había aprobado su examen de enfermería. Dijo además que, después del primer día de clases, Dios le habló en mi nombre. En la ficha había cosas que ella sentía que Dios le había dicho. Las primeras palabras que pronunció fueron "Dios dijo que ibas a empezar una escuela y te frustraste porque algo no funcionó y renunciaste". También dijo, "quiere que sigas moviéndote y que confíes en Él para resolverlo". ¡Las lágrimas comenzaron a fluir! Nunca pronuncié una palabra a nadie en la clase sobre mis esfuerzos por iniciar un programa de enfermería. Esa información tenía que venir de Dios. Él estaba hablando a través de ella acerca de mi tarea incompleta. La conversación realmente me convenció. Este fue el catalizador que me reavivó para reiniciar. Durante las próximas dos semanas, continué avanzando en la obtención de la aprobación del programa de enfermería. Presenté la solicitud, el catálogo, las tarifas ($ 1,000) y todos los documentos de respaldo a la Junta de enfermería de Florida para su aprobación. Se recibió correspondencia unos meses después solicitando cambios sugeridos. Una vez que se hicieron las correcciones y se volvieron a presentar los documentos, llegó el momento de asistir a la reunión de la Junta para su aprobación.

Poco después de que comenzó la reunión de la junta, Millers College of Nursing fue llamada al podio. Estaba experimentando taquicardia (frecuencia cardíaca rápida), temor y palmas sudorosas. Después de encontrar cierta oposición por parte de un par de miembros de la Junta, llegó el momento de votar. El resultado fue 50/50 o empate. El presidente votó por el programa y se recibió el estado de aprobación. La presencia de Dios prevaleció. Mi marido y yo estábamos totalmente felices. Había llegado el momento de recibir la aprobación del

Departamento de educación (DOE). Dios me bendijo con la representante del programa más solidaria. Era compasiva, generosa, trabajadora y, sí, cristiana. Trabajamos incansablemente para tener el programa listo para su aprobación. Recibí equipos donados del hospital local y de una escuela que iba a cerrar. El inconveniente final fueron los $3,000 restantes necesarios para presentar la solicitud. Habíamos ahorrado un total de $1,000. Una ex alumna entró en la universidad y dijo, "Dios me dijo que te bendijera". Me entregó un sobre. Abrí el sobre y había un regalo financiero de $3,000. Esto completó los $4000 necesarios para presentar la solicitud. Efesios 3:20 dice que "Dios hará todas las cosas mucho más abundantemente de lo que podemos pedir o pensar, según el poder que actúa en nosotros".

Finalmente, llegó el momento de comenzar el programa de enfermería. La primera clase consistió en diez estudiantes de enfermería y comenzó en 2011. Me gustaría agregar que mi esposo siempre me ha apoyado en todas las áreas de mi proceso personal y profesional. Creo que cuando uno se sumerge en la tarea que Dios le ha encomendado, el apoyo de la otra persona es imperativo.

Mientras hacíamos la transición al 2012, llegó el momento de contratar más personal y continuar confiando en Dios para cumplir con el presupuesto. Actualmente, mi personal incluye a mi esposo, mi hija (secretaria) y yo. Recuerdo cuando estaba buscando un director de admisiones. Hicimos publicidad y recibimos un buen número de solicitantes interesados. Después de una cuidadosa revisión, lo reduje a dos. Mi secretaria llamó y programó las entrevistas. Después de hacerlas, oré y le pregunté al Espíritu Santo a quién debía seleccionar. Recuerdo haber escuchado, "contrátalos a ambos". Inmediatamente pensé, "nuestro presupuesto no puede cubrirlos". Aunque ambos tenían el mismo título, eran hábiles en diferentes áreas. Creé estratégicamente un horario en el que trabajaban solo dos días a la semana. Ambos aceptaron el puesto. Aproximadamente un mes después, uno de los directores de admisiones aceptó un puesto de tiempo completo en otra escuela. Dios me mostró que lo que ella trajo a la mesa no era familiar para el otro director de admisiones. Proverbios 3: 5-6 dice, "fíate de Jehová con todo tu corazón y no te apoyes en tu propia prudencia; reconócelo en todos tus caminos y él enderezará tus veredas." Dios es tan maravilloso cuando confías en Él. Los años 2012 y 2013 continuaron brindándome múltiples oportunidades para confiar en Dios.

El primer grupo de estudiantes de enfermería incluía a diez. Estaba tan emocionada de ser usada por Dios en este nivel. Recuerdo que Dios me instó a orar por uno de los estudiantes. Al día siguiente la llamé a mi oficina y le dije que me había guiado a orar por ella. Le expliqué además cómo me dijeron que ella estaba teniendo dificultades para quedar embarazada. Una vez que pronuncié esas palabras, comenzó a llorar y me explicó su lucha. Ella y su esposo habían estado intentándolo durante aproximadamente diez años. Simplemente nos tomamos de la mano y le pedí a Dios. Le recordé a mi Padre celestial su Palabra hablada. Aproximadamente dos meses después, Dios me mostró en un sueño que ella estaba embarazada. Al día siguiente llegué al trabajo un poco antes de lo normal. Después de mi llegada, llegó esta estudiante. Cuando procedió a caminar hacia la puerta, la saludé y le compartí mi sueño de que ella embarazada. Me miró con total incredulidad. Fue a dejar sus libros y volvió a donde yo estaba sentada. Confesó que acababa de hacerse una prueba de embarazo y que estaba embarazada. No había compartido esto con nadie porque, simplemente, quería asegurarse de que todo estaría bien. Dije, "esta bendición es de Dios y puedes decirle al mundo porque todo va a estar bien". Desde entonces, se graduó del programa y tiene un hijo encantador. Ella y su familia se refieren a mí como su "ángel". No puedo expresar lo suficiente cuán fiel es Dios cuando le entregas tu confianza.

El año 2013 me catapultó a una temporada de desafíos. Muchas veces no pudimos pagar el alquiler. Me comuniqué con la compañía de arrendamiento varias veces y le expliqué las dificultades financieras. Periódicamente recibiríamos avisos de desalojo. Caí en un pozo de desesperación. Sin embargo, estaba decidida a no irme antes de cumplir con el plazo establecido en el contrato de arrendamiento.

A medida que nos acercábamos al final del contrato de arrendamiento, nuestro agente inmobiliario encontró varios espacios para ver. Uno de ellos estaba aproximadamente a veinte millas de nuestra ubicación actual. Mi equipo administrativo y yo fuimos a verlo. ¡Nos encantó! Sentí como si esta fuera la nueva ubicación de Millers College of Nursing. Aprendí temprano en mi caminar cristiano a orar siempre antes de tomar decisiones grandes y pequeñas. Proverbios 3:5-6 dice, "confía en el Señor con todo tu corazón y no te apoyes en tu propia prudencia. Reconócelo en todos tus caminos y Él enderezará tus veredas". Santiago 1:5 dice, "si alguno de ustedes tiene falta de sabiduría, pídala a Dios". Sentí que estaba tomando la decisión correcta al comprar este lugar; sin embargo, necesitaba la confirmación de Dios. Mientras la esperaba, decidimos seguir adelante con un contrato. Santiago 2:17 dice, "la fe sin obras es muerta". Siempre debe haber una acción correspondiente como creyente.

Después de recibir el contrato final, notamos rápidamente que el pago mensual final había aumentado $400. El incremento significativo fue la confirmación de que necesitaba abandonar el trato. Decidimos seguir buscando en las otras ubicaciones seleccionadas por el agente inmobiliario. La siguiente instalación era más pequeña, pero abarcaba dos espacios conjuntas con diferentes propietarios. Más tarde, supe que este lugar había sido anteriormente un programa de enfermería. Mi esposo y yo decidimos seguir adelante con el arrendamiento de los dos locales. Mi agente de bienes raíces se puso en contacto con ambos propietarios y comenzó la negociación. Necesitábamos aproximadamente $20,000 para mudarnos a las nuevas ubicaciones. Dios suministró cada centavo que necesitábamos a través de las manos de viejos y nuevos estudiantes. Aproximadamente tres semanas después, recibimos ambos contratos de arrendamiento firmados. Una de las principales preocupaciones era la financiación adicional, pues ahora tenía que aumentar mi personal para apoyar la cantidad de nuevos estudiantes que ingresaban al programa. Después de recibir un par de rechazos bancarios, mis padres decidieron ayudar financieramente tomando prestado el capital de su casa. Mi madre realmente quería ayudarme con el éxito de la universidad. Más tarde recibí $35,000 del préstamo de capital. Dios continuó confirmando que estaba caminando en la dirección correcta.

Depués hablé con Tashema (agente de bienes raíces) sobre mis preocupaciones acerca de dejar la antigua ubicación sin pagar las tarifas pendientes. Más tarde programó una cita con la empresa de arrendamiento. El día de la reunión, me senté y expliqué que mi empresa ya no estaba en esa instalación, pero que quería iniciar algún tipo de arreglo de pago con respecto a la deuda. El gerente sacó el archivo y declaró que el saldo pendiente adeudado era de aproximadamente $90,000. Estaba completamente asombrada. Simplemente pregunté, "¿qué forma de acuerdo de pago podemos establecer?". Su respuesta fue, "agradezco su honestidad y su deseo de pagar la deuda". Dijo, además que muchos inquilinos se mudan durante la noche y nunca se sabe más de ellos. "Me comunicaré con usted para ver cómo se puede saldar la deuda". Le di mi número de celular personal. Después de un par de meses, llamé en varias ocasiones. El gerente nunca me devolvió la llamada. Mi agente inmobiliario y yo llegamos a la conclusión de que la empresa debió haber cancelado la deuda pendiente. Nunca supimos de la compañía después de la reunión. Dios me estaba cubriendo y resolviendo todo el tiempo.

Varios meses después en la nueva ubicación, descubrimos rápidamente que se trataba de un nuevo nivel. Aparecieron gigantes más grandes. El presupuesto mensual aumentó a $30,000. Un par de los grupos de enfermería no estaban pagando su matrícula a tiempo. Dios quería que yo dependiera totalmente de Él y no de los estudiantes. La nómina mensual promedió $10,000. El préstamo con garantía hipotecaria proporcionado por mis padres realmente ayudó con el aumento de los gastos. Durante el año 2014 me gradué con mi doctorado en educación y seguí escuchando más de Dios acerca de sembrar en la vida de los demás.

En enero de 2015, Dios me impulsó a darle a mi amiga personal Charlotte $4,000. Ella residía en un estado diferente y asistía a la universidad. Una vez que Dios me habló de darle el regalo monetario, oré y esperé la confirmación. Me le acerqué y le compartí lo que Dios había dicho. Ella simplemente lloró y declaró su necesidad del regalo. Dios me estaba enseñando y hablando acerca de la obediencia, además de mostrarme cómo yo era un vaso. Más tarde en enero, el Espíritu Santo me impulsó a darle a mi tía $5,000 para ayudar con los gastos del funeral por la pérdida de su hija.

El 7 de febrero de 2015, me pidieron que le diera a mi muy querida amiga Laura $2,500. El 12 de febrero de 2015, avancé con la bendición financiera. Dios estaba satisfaciendo mis necesidades mientras continuaba sembrando en la vida de los demás. El 3 de marzo de 2015, el Espíritu Santo me impulsó a sembrar $7.000 en un ministerio en particular. Recuerdo sorprenderme y decir verbalmente, "Señor, ¿eres tú?" Finalmente, seguí adelante con la entrega a ese ministerio en particular. El 6 de marzo de 2015, fui a la casa de mi directora de admisiones para recoger a su nieta. Tuve la señal de darle a su madre $500. No se los di en ese día exacto. Hablé con mi administrador de admisiones más adelante en la semana sobre mis indicaciones.

Inmediatamente llamó a su madre y la colocó en el altavoz. Le preguntó a su madre, "¿crees en Dios para satisfacer una necesidad personal?" Su madre dijo que necesitaba $467 para el pago de su automóvil. Escribí el cheque por la cantidad de $500. Tenía que seguir pasando tiempo con Dios todos los días porque la cantidad y la frecuencia de las semillas seguían creciendo y necesitaba moverme como Dios me instruía y no tener miedo. Continué sembrando las semillas a medida que se me pedía y se seguían manifestando mayores bendiciones. Se siguió cumpliendo con la nómina y Millers College of Nursing pudo filmar y ejecutar su primer comercial de televisión. Mi personal y yo estábamos muy emocionados.

Durante el mes de septiembre, aparecieron gigantes en muchas direcciones. Experimentamos déficits financieros con la nómina, los impuestos sobre esta, necesitábamos fondos necesarios para contratar a un abogado fiscal, debíamos pagar la hipoteca y manejar la disminución de los puntajes de los estudiantes para el programa de enfermería. La baja tasa de aprobación podría haber puesto en peligro el programa de enfermería. Seguí con mi tiempo personal con Dios. Realmente creía que si me desmayaba o disminuía el trabajo en el proceso, fallaría en todas las áreas. Recuerdo que, en el mes de noviembre, un día antes de la nómina, necesitaba $15,000. Mi gerente de finanzas, que también era mi yerno, fue a revisar el correo. Había un volante de American Express con una oferta de aprobación previa de $60,000. Él y yo tomamos las medidas necesarias para la aprobación y Millers recibió $44,000. Dios superó mi expectativa. A la mañana siguiente, revisé la cuenta comercial y los fondos habían sido depositados directamente. Se cumplió con la nómina y mi fe siguió creciendo. No puedo expresar la importancia de creer en Dios y Su asombroso poder.

CAPÍTULO TRES

PROBLEMAS PATERNALES

Era la mayor de cinco hermanos. Fui criada por mi madre y mi abuela. Tres de mis hermanos tenían un padre diferente. Mi madre se casó cuando yo tenía unos ocho años. Mi padrastro desempeñó un papel clave en mi vida y realmente fue una bendición para cada uno de nosotros. En cuanto a mi padre biológico, mi mamá me dijo que se llamaba Alfonza Hodge; sin embargo, mis tías y tíos me dijeron que el nombre de mi padre era Earl Holmes. No me importaba ninguno de los dos, porque me sentía abandonada por ambos hombres. La literatura revela que la ausencia de un padre deja una marca indeleble en la mente, el alma y el espíritu de una hija, mientras se convierte en adulta.

A medida que maduré en la escuela intermedia y secundaria, elegí solo reconocer a mi padrastro, pues era la única figura paterna en mi vida. Los expertos han dicho que:

Los adolescentes que experimentaron la ausencia del padre tienen una autoestima más baja, participaban en la actividad sexual a una edad más temprana y tienen logros generales más bajos en comparación con los adolescentes de familias diádicas intactas. Además, se observó un impacto negativo en las relaciones personales. (East, Jackson y O'Brien, 2006, p. 289).

Imagina crecer sin saber quién es tu padre biológico y sin tener ningún tipo de reconocimiento. Nunca recibí una tarjeta de cumpleaños, un regalo de graduación, una cita para almorzar o una llamada telefónica. Puse todos mis esfuerzos en mi madre y mi abuela, pero guardé en secreto amargura y resentimiento durante toda mi vida adulta.

Recuerdo asistir a la iglesia y ver al hombre que mi familia me dijo que era mi padre biológico. Entraba en la iglesia con su esposa y no daba ni un vistazo en mi dirección. Mis pensamientos eran "cómo diablos podía pasar junto a mí sin reconocer mi presencia". La ira resonaba al verlo. Varias fuentes me dijeron que tenía otros hijos. Puedo decir, de todo corazón, que me volví apática y abrasiva al verlo. Mi vórtice de emociones permaneció intacto hasta que salió de la iglesia. Nunca hubo ningún contacto verbal entre Earl Holmes y yo. Tuve uno mínimo con Alfonza Hodge (el otro posible padre). En 2012, falleció de un infarto. Asistí al funeral; sin embargo, no derramé ni una sola lágrima.

En noviembre de 2015, recibí una llamada de mi prima. Me preguntó muy sutilmente si creía que Earl Holmes era mi padre. Mi respuesta para fue, "todos los miembros de nuestra familia han dicho que lo es, pero mi madre ha seguido negando la posibilidad de que el Sr. Holmes sea mi padre". Luego, mi prima me preguntó si estaría dispuesta a ir a un lugar de trabajo donde su esposo y el Sr. Holmes laboraban juntos. Mi respuesta inicial fue "absolutamente no". Pasó los siguientes minutos de nuestra conversación tratando de convencerme de por qué debería ir. Después de decir repetidamente que no, pronunció algunas palabras muy conmovedoras. Dijo, "daría cualquier cosa por poder hablar con mi papá". Esas palabras atravesaron mi alma y acepté ir a encontrarme con este hombre que pasó junto a mí durante años.

Una vez que llegamos al sitio de trabajo y entramos, me encontré cara a cara con mi supuesto padre. Me miró y pronunció las palabras "ven y dale un abrazo a tu papá". Por solo un momento, pude descartar mis emociones negativas y darle un abrazo. Estaba completamente sin palabras. Mi prima dijo "necesitan hablar". Añadió que debería decirle mi cumpleaños y mi edad. No podía creer que, finalmente, tenía la oportunidad de compartir mis pensamientos, pero no sabía qué decir. Me preguntó cómo estaba. Respondí en consecuencia y con respeto. Compartí mi cumpleaños y edad. Hablé de mi esposo, mis hijos y mis nietos. Compartí mi nombre de nacimiento y muchos de mis logros exitosos. Necesitaba que supiera que yo no era un fracaso. La experiencia de nuestra conversación inicial fue genuinamente como conocer a un extraño. Después de pasar un rato hablando con él, intercambiamos números. Debo admitir que no estaba segura de cómo procesar la miríada de mis abrumadoras emociones. De repente, me encontré cara a cara con alguien que conscientemente elegí dejar en mi pasado. De camino a casa, recuerdo haber pensado, "oh, Dios, ¿y ahora qué?".

A la mañana siguiente, después de mi tiempo bíblico, estaba sentada a la mesa calificando trabajos. Mi teléfono sonó. Era una llamada de mi papá. Le dije a mi esposo, que estaba sentado a mi lado en ese momento, "supongo que estaba pensando en mí". Contesté el teléfono y dije, "buenos días, Sr. Holmes". Desde ese día en adelante fue el comienzo de algo nuevo. Me encantaría decir que cada día fue mágico, sin embargo, esta relación requirió mucho trabajo. Mi papá y yo hablábamos todos los días. La relación luego evolucionó hacia él y yo pasando tiempo juntos. Mi esposo fue reservado solo porque no quería que me lastimaran. Mi papá y yo planeábamos citas para almorzar por lo menos uno o dos días al mes. La conversación sobre las pruebas de ADN finalmente se inmiscuyó en una de nuestra conversaciones profundas. Cortésmente, le pregunté si podíamos completar la prueba de ADN. Su respuesta fue, "claro, si eso es lo que quieres". Inmediatamente comencé a buscar una ubicación y el precio. Una vez que reuní todos los detalles, lo contacté con la fecha y el costo y siguió adelante con el pago.

La fecha de la prueba estaba programada para el día después del Día de acción de gracias de 2015. Nos reunimos en el lugar designado, completamos la prueba y luego fuimos a almorzar. Al siguiente día de la prueba de ADN, me senté a la mesa para hacer mi tiempo bíblico diario. Estaba muy ansiosa por los resultados, simplemente porque había desarrollado sentimientos muy fuertes y la posibilidad de que él no fuera mi padre biológico era desalentadora. Recuerdo haber pensado "¿qué pasaría si no es mi padre? El vínculo emocional con Sr. Holmes creó temor e incertidumbre. Dios sabía lo que había en mi corazón. Mientras continuaba estudiando la Palabra en ese día, mis ojos se posaron en la escritura, "tu esperanza no será defraudada" (Prov. 23:17). Simplemente lloré. Esas fueron las palabras más reconfortantes que pude haber leído ese día. Sentí como si Dios me estuviera diciendo que todo estaba bien. A medida que pasaban las semanas, simplemente continuamos con nuestras conversaciones telefónicas diarias y las citas entre papá e hija. Pasar tiempo juntos nos brindó la oportunidad de aprender el temperamento del otro. Debo admitir que tuve múltiples luchas. Constantemente escuchaba de otros que mi hermana era la niña de sus ojos. Siempre decía "amo a todos mis hijos por igual". Mi respuesta era "¿cómo es eso posible si me acabas de conocer?" Su respuesta nunca cambió. La otra lucha fue saber que crió a otros niños. No podía concebir su negación hacia mí y aceptación de los demás. Su respuesta fue inquebrantable: "tu mamá me dijo que no eras mi hija". Le comenté su respuesta a mi madre, quien la validó. Que me hubiesen negado creó una furia constante e indescriptible. Continuamente buscaba a Dios, pidiendo ayuda. Mis emociones estaban en una montaña rusa perpetua.

El 5 de diciembre de 2015, los resultados del ADN revelaron que el Sr. Earl Holmes era mi padre biológico. Él y yo estábamos eufóricos. Solo podía darle a Dios la gloria por orquestar todos los eventos y armar este rompecabezas de mi vida. Mi madre estaba absolutamente atónita. Su respuesta inmediata fue, "lo siento mucho. Nunca te mantendría intencionalmente lejos de tu padre". Ahora era el momento de conocer al resto de la familia. Conocía a la esposa de mi papá, pero no a ninguno de mis hermanos. No anticipé la resistencia que enfrenté de los miembros de su lado de la familia. Hubo momentos en los que le decía, "tus seres queridos me rechazan y, debido a que es tan doloroso, necesito alejarme por un tiempo, pero me mantendré en contacto". Fue difícil para mí comprender la negatividad y el rechazo. Seguí orando, porque necesitaba cada onza de la fuerza de Dios para no alejarme. Me decía a mí misma que Dios no reveló la verdad sobre mi padre biológico solo para que me arrodillara porque mis sentimientos estaban heridos.

Día tras día, continué orando por fortaleza. Recuerdo haberle dicho a mi papá que nunca visitaría su casa. Siendo una guerrera de la oración, simplemente no podía comprender cómo aceptar la negatividad. Después de varias semanas, finalmente hice mi primera visita a su casa. Sentía una inquietud extrema, pues no sabía cómo sería aceptada mi presencia. Una vez que llegué, para mi sorpresa, mi papá y su esposa me recibieron con los brazos abiertos. Lentamente, comencé a acercarme al resto de la familia. El tiempo pasó despacio mientras conocía a mi nueva familia. Dios me estaba enseñando que no importaba a quién le desagradas, "solo ten en cuenta que fuiste enviada por mí".

Mes tras mes continuaron pasando y cada visita se hizo un poco más fácil. Aprendí a amar a mis hermanos. Quería que la familia supiera que no venía a llevarme nada, simplemente quería ser aceptada y reconocida por mi padre. Papá lentamente comenzó a presentarme a otros miembros de la familia fuera de su casa. Empecé a sentir que realmente era parte de la familia. Si pudiera repetir un mensaje, imitaría a Proverbios 3:5-6, "fíate de Jehová de todo tu corazón y no te apoyes en tu propia prudencia. Sométanse a él en todos sus caminos y él enderezará sus veredas". El amor siguió fortaleciéndose por mi padre y la relación floreció.

Me encantaría decir que nunca experimenté sentimientos de ser excluida o pensamientos de no ser una prioridad en su vida, o que él hizo más por mis hermanos, pero la verdad es que sí y sigo teniéndolos ocasionalmente. También me he enterado de tantas otras personas a las que mi padre ha ayudado. El enemigo continuó recordándome en todos los niveles que amaba a los demás más de lo que me amaba a mí. Tendría que contrarrestar esos pensamientos con Escrituras bíblicas como 2 Corintios 10:5, que dice, "derribando argumentos y toda altivez que se levanta contra el conocimiento de Dios, llevando cautivo todo pensamiento". Esto simplemente significa reemplazar tus pensamientos con la Palabra de Dios. Aceptar los pensamientos negativos implica que Dios cometió un error y que no tiene un propósito. Confié en Dios y supe que conocer a mi familia no fue un error.

Han pasado cinco años desde que conocí a mi padre. Desde entonces, ha experimentado la pérdida de muchos miembros de la familia, se sometió a una cirugía y, sí, hubo desacuerdos ocasionales entre padre e hija. Mi intención era estar allí para él en todos los niveles. Realmente se ha necesitado la fuerza de Dios para perdonar, amar y seguir adelante. Una tradición muy importante que él y yo hemos formado son nuestras citas papá/hija. Una vez al mes, él y yo nos reunimos en un restaurante preseleccionado. Este es nuestro tiempo designado para charlar y comer. Este es también un momento para que pongamos todas las cartas sobre la mesa. Él y yo expresamos abiertamente cualquier problema no resuelto o simplemente reflexionamos sobre nuestra relación y el vínculo positivo que se ha desarrollado. Aunque ha habido momentos en los que ha aflorado la ira, el amor que ha crecido siempre triunfa ante cualquier situación negativa. Nunca podría haber alcanzado este tipo de paz sin invitar a Dios a esta relación.

El mensaje que quisiera dejar es que el perdón debe triunfar. También me gustaría expresar que el perdón es imposible sin Dios. Somos seres humanos y estamos sujetos a emociones positivas y negativas. Los sentimientos no fueron creados para ser los capitanes de tus decisiones. La Escritura nos recuerda que, "cual es el pensamiento de un hombre en su corazón, tal es él" (Prov. 23:7). La dirección de tus emociones (positivas o negativas) puede llevarte a un lugar muy oscuro o feliz y la mente es el campo de batalla donde se origina la lucha. Mantente fuerte, orante y positivo y, simplemente, permite que Dios obre a través de ti para que puedas bendecir a otros mientras atraviesan sus luchas.

CAPÍTULO CUATRO

DIOS PERMITE LAS TORMENTAS

$\mathcal{E}$scuché a un pastor decir que siempre hay algo que Dios hace en tu historia que se convierte en el sustrato de tu destino. Incluso cuando estás en una temporada oscura, lo único que ha fallado ha sido lo que tenías en mente. Dios permite el sufrimiento para que podamos ver y experimentarlo a Él en un nivel más profundo. Había asistido a varias reuniones obligatorias de la Junta de enfermería de Florida con respecto a mi programa. Los problemas se derivaron de los puntajes bajos de las pruebas. Sentí que todo mi arduo trabajo para ayudar a los graduados a aprobar el examen estatal no estaba funcionando. Continué con mi adoración y me encontré preguntándole a Dios, "¿Continúo?". Escuchaba sermones que incluían mensajes como "nada de lo que has pasado será en vano", o "elévate a la altura de tu vocación", o, "simplemente porque algo no está funcionando en tu vida no significa que estés bajo un ataque satánico". Escuché un sermón en el que el pastor dijo, "cuando los espinos y los cardos se levantan, es hora de pasar a otra dimensión", Génesis 3:18. Habrá momentos en tu viaje en los que parecerá que tus habilidades se están desperdiciando.

El año 2016 marcó el comienzo de muchas experiencias de puntos bajos y cimas de montañas. La Palabra y varios sermones me ayudaron a mantener mi impulso. Recuerdo vívidamente a un pastor que dijo, "tu futuro estará conectado a tu ahora y lo intentarás de nuevo, incluso después de múltiples fallas". Los puntajes de NCLEX continuaron aumentando después de implementar las diversas estrategias que el Espíritu santo me mostró. Continué mi tarea con respecto a la universidad y otras áreas de mi vida, aunque todo parecía oscuro. Asistí a mi última reunión de la junta en 2017. Me di cuenta de que el marco de tiempo asignado para aumentar los puntajes del programa había llegado y no había alcanzado el punto de referencia. Tenía dos opciones: una era cerrar voluntariamente la escuela o, dos, permitir que la Junta de enfermería lo hiciera. Decidí voluntariamente entregar la escuela. Fue una decisión muy difícil, especialmente porque sabía, sin dudas, que Dios me instruyó para abrirla. En ese momento, me di cuenta de que Dios estaba creando algo nuevo en mi vida. Recuerdo pensar en silencio, "¿a dónde voy desde aquí?".

Durante la siguiente etapa de este viaje, el dinero y el personal (con la excepción de Gleny, mi asistente administrativo) se habían ido. Podía sentir al Espíritu santo dirigiéndome a terminar lo que había comenzado. Me quedaban aproximadamente catorce estudiantes. La mezcla de ellos incluía un programa de día y uno de noche. Enseñé ambas clases y, muy a menudo, no quedaba dinero para pagarme un salario y las facturas personales seguían acumulándose. Debo admitir que esto fue muy duro. Trabajaba como si estuviera haciéndolo para cientos de estudiantes. También iba al hospital para que mis alumnos pudieran completar el componente clínico del programa. Recuerdo haberme encontrado con dos de mis antiguos miembros de la facultad que, actualmente, trabajaban para otra escuela. El encuentro me dejó entumecida. Ambos me preguntaron, "¿qué estás haciendo y cómo te está yendo?". Expresé abiertamente que estaba completando un curso y que, voluntariamente, entregué la universidad. También recuerdo reconocer lo doloroso que había sido el proceso, pero que sabía que Dios no me iba a dejar en este lugar. Imagina por un momento que los estudiantes a los que ayudas se establecen en sus carreras y ganan más dinero que tú. Me encontré pensando en la historia de José y cómo Dios permitió que lo arrojaran a un pozo. También pensaba en Job y en lo próspero que era y, sin embargo, todo le fue arrebatado. La Biblia dice que Dios no hace acepción de personas (Hechos 10:34) y si les cambiaba las cosas, un día haría lo mismo por mí. Continué mi devoción diaria y, todos los días, mantuve un espíritu de expectativa ante Dios. Me encantaría decirles que este fue el final de mi angustia, sin embargo, el viaje continúa en el siguiente capítulo. Realmente me encontré clamando a Dios y rogándole que regulara mi mente.

CAPÍTULO CINCO

MI EXPERIENCIA DE TRABAJO

En enero de 2017, a mi madre le diagnosticaron cáncer en el pulmón derecho. La vi perder peso constantemente antes del diagnóstico y todos sus médicos lo correlacionaron con el estrés. Mi mundo se hizo añicos. Sin embargo, tuve fe en Dios por su curación. Permanecí a su lado en sus diversas citas. Necesitaba que mi mamá supiera que estaría allí para ella sin importar nada. Mi padrastro, Albert Knox, mi hermana y yo, nos unimos para asegurarnos de que la cuidaran. La ayudábamos con sus baños, consiguiendo comida y dándole medicamentos. Mi tía Paula y Wendell también fueron increíbles al ayudar a mi mamá. Mi marido era mi roca. Siempre estaba ahí para hacer lo que había que hacer.

Me mantuve en contacto continuo con el oncólogo de mi madre para garantizar que se brindara la atención adecuada. Recuerdo cuando ingresó en el hospital para hacerse una biopsia de pulmón para un diagnóstico definitivo. Experimenté una mezcla de emociones, como el miedo, la fe y la incertidumbre. Mi abuela, Dorothy Pinellas, quien también fue como una mamá para mí, falleció de cáncer en 2009. El dolor era incomprensible. La idea de volver a ese punto era insoportable, a pesar de mi fuerte fe. Ahora me enfrentaba a tomar la decisión de cerrar mi universidad, mis finanzas habían disminuido, la Junta de enfermería de Florida rescindió mi curso de recuperación y ahora mi madre estaba enferma. Sentí como si Dios me hubiera abandonado. Los recursos de la universidad habían decrecido, tuve que reducir su tamaño y ya no podía pagar a ningún miembro del personal ni por los dos locales. El dueño del segundo vino y nos entregó un aviso de desalojo por no poder pagar el alquiler. Clamé a Dios y seguí orando, incluso cuando parecía que no estaba funcionando. Realmente me sentí como Job durante este tiempo. Declararía la Escritura Job 13:15, "tú me matas, pero en él confiaré".

Una vez que se confirmó el diagnóstico, decidimos seguir adelante con la radiación. Aunque estaba extremadamente frágil, sabía que podía manejar el proceso. Se sometió a aproximadamente dos semanas de tratamiento de radiación intensiva. Mi madre, siendo la mujer fuerte que era, podría hacer frente a recibir este tratamiento tan agresivo que necesitaba para salvar su vida. Después de completarlo, pudo respirar mejor y, por un momento, funcionar aproximadamente al cincuenta por ciento de su capacidad. Ella estaba muy cansada, pero era de esperarse después de recibir el tratamiento de radiación. Una evolución favorable se notó durante aproximadamente un mes. El dolor en el lado derecho del pecho volvió a ocurrir y no se sentía cómoda acostada. Simplemente quería dormir sentada. Me volví más agresiva en mis esfuerzos por comunicarme con su oncólogo sobre la siguiente fase del tratamiento. Se ordenaron pruebas adicionales y, finalmente, el médico decidió continuar con un ingreso en el hospital para iniciar quimioterapia.

El día que todos esperábamos por fin llegó. Me encontré con mi papá (Albert) en el hospital para ayudar con el proceso de admisión. A mi madre la colocaron en una habitación y, en cuestión de horas, comenzaron a ocurrir muchos percances médicos imprevisibles. Una vez que estuvo acomodada en la cama, la enfermera terminó de tomar sus signos vitales. La presión arterial de mi madre estaba extremadamente elevada. En aproximadamente una hora más o menos, tuvo que ser transferida a cuidados intensivos intermedios y luego, finalmente, a la unidad de cuidados intensivos (UCI). Su presión arterial no respondía a la medicación y ejemplificaba un ritmo cardíaco irregular. Las enfermeras trabajaron rápidamente para ponerle una vía intravenosa, completar un electrocardiograma y extraerle análisis de sangre para verificar sus electrolitos (valores de laboratorio). El personal de enfermería cometió el peor error al pedirle que se recostara y eso provocó una actitud muy ansiosa y combativa. Ten en cuenta que no le revelé a ningún miembro del personal médico que era una enfermera registrada. Mi mamá estaba muy ansiosa y ahora su saturación de oxígeno (saturación de O2) había bajado de mediados de los 90 a 80 y no respondía al oxígeno que se le administraba. Finalmente, había que administrar medicación para la relajación. Después de tomar los pasos anteriores, se nos pidió que fuéramos a la sala de espera. Después de aproximadamente una hora y media, se nos notificó sobre las diversas medidas que debían tomarse para estabilizarla. Salí del hospital esa noche en particular agradeciendo a Dios por no experimentar ninguno de esos contratiempos médicos mientras ella estaba en el hogar. Siempre estoy buscando a Dios en las trincheras, para agradecerle mientras está trabajando.

A medida que los días se convertían en semanas, salía del trabajo y pasaba por el hospital para visitar a mi mamá. El personal médico tenía acceso a mí las 24 horas en caso de que me necesitaran. Parecía, desde la superficie, que estaba mejorando. Recuerdo pasar un día en el que me informó que el médico le dijo que necesitaba que la colocaran en un hospicio. Estaba furiosa. Mi respuesta para ella fue, "no me importa lo que piense el médico. Él no es Dios y estamos teniendo fe en la curación". Tengo presente un día en el que pasé de visita y uno de mis graduados era su enfermero asignado. Estaba muy feliz porque sabía que estaría en buenas manos. La ayudaron a pasar de la cama a la silla. Realmente creía que Dios iba a sanar a mi madre.

El 28 de abril de 2017, recibí una llamada telefónica de Melissa (graduada de Millers College) aconsejándome a pasar por el hospital. Recuerdo conducir a ese lugar y sentarme en el estacionamiento. Sentí una muerte inminente, como si supiera que algo estaba a punto de suceder. No pude salir del auto. Llamé a mi hija, ella vino y se sentó en el estacionamiento conmigo. Finalmente decidí conducir a casa. Me levanté temprano a la mañana siguiente y decidí ir a visitar a mi mamá. A mi llegada, estaba dormida. Familiares y amigos pasaron por allí a lo largo del día, pero no pudimos hacer que se despertara. A medida que avanzaba el día, un capellán pasó a ofrecer oración. Finalmente, después de unas ocho a diez horas en el hospital, decidí conducir a casa. Le dije a mi papá que, si se despertaba, por favor me llamara. A la hora de estar en casa, me llamó y me dijo, "no vas a creer esto, pero tu mamá no está muerta". Explicó además que la enfermera que la atendió cuando ingresó inicialmente la besó en la frente y ella se despertó. Pensé, "guau, eso es tan típico de mi mamá", porque siempre fue coqueta. Dormí muy bien esa noche. Al día siguiente, domingo 30 de abril, decidí no ir a la iglesia. Esto fue muy inusual, pues yo era muy fiel con mi asistencia. Mi día comenzó como siempre, con la oración – mi tiempo personal con Dios –, la ducha y la continuación de mi rutina del día. Llegué al hospital y una de mis hermanas estaba al lado de la cama de mi mamá, tomándola de la mano. Pude ver su respiración dificultosa y parecía muy ansiosa. Me senté a su lado y le pregunté, "¿qué pasa?". Le dije que iba a pedirle a la enfermera que le trajera algunos medicamentos para ayudarla a relajarse, y luego trataría de quitarle la máquina BiPAP para darle un descanso a su cara. Por lo general, se emocionaba porque se la quitara temporalmente, pero no esta vez. Negó agresivamente con la cabeza.

Salí de la habitación para hablar con la enfermera. Le expliqué mis preocupaciones y solicité medicamentos para ayudarla a relajarse. Una vez que se administró el medicamento, me senté junto a la cama de mi mamá hasta que se durmió. Nunca soñé que sería la última vez que vería a mi madre con vida. Después de aproximadamente veinte minutos, le dije a mi papá que me iba a casa y que me llamara cuando estuviera despierta. Caminé hasta mi coche y me dirigí a casa. En mi camino, dije la oración más sincera y desinteresada que cualquier niño podría pronunciar. Oré, "Dios, que se haga tu voluntad. No quiero que mi mamá sufra". Una vez que llegué a casa, aproximadamente treinta minutos después, mi papá me llamó y me dijo, "será mejor que vengas ahora". Mi esposo y yo inmediatamente corrimos hacia el auto y regresamos al hospital. Mientras conducía a un ritmo extremadamente rápido, vimos a mi hermana conduciendo también. Miré a mi hermana Paula y la vi llorando. Mi teléfono sonó aproximadamente un minuto después; era mi papá. Dijo, "se ha ido". Mi corazón se detuvo. El dolor era inimaginable. No podía creer que mi mamá se hubiese ido. Una vez que llegué al hospital, me tiré sobre su cuerpo y lloré. Revisé su pulso y no había nada allí. Mi mundo se hizo añicos. No podía entender después de orar y tener fe en la curación por qué Dios se llevaría a mi mamá. Muchos de los miembros de mi familia se reunieron en el hospital.

Me quedé con ellos hasta que llegó el personal de la funeraria con la camilla para llevarse su cuerpo. Me encontré experimentando una ansiedad y un miedo extremo, pues no tenía la fuerza para verlos sacar el cuerpo de mi madre. La experiencia parecía tan surrealista. Corrí al elevador, continué hacia mi auto y simplemente lloré. No podía soportar más dolor. Recuerdo haber tomado medicamentos esa noche simplemente para ayudarme a dormir y suspender temporalmente el dolor. Sinceramente, no recuerdo si oré y pasé tiempo con Dios al día siguiente. Parecía que estaba caminando en una pesadilla sin fin.

Al día siguiente, fui a la casa de mi papá, pues era hora de ayudar con los arreglos del funeral. Mi papá le pidió a mi esposo que tomara la iniciativa en ese proceso. Los siguientes seis días parecieron como si fueran una eternidad. Mi esposo se puso en contacto con la funeraria y realmente me ayudó a tomar decisiones esenciales. Mi hermana Paula y yo fuimos de compras a buscarle un vestido y otras cosas básicas que necesitaba. Seguí orando y clamando a Dios por mi fortaleza. Mi mejor amigo y compañero de cuarto de la universidad vino a ayudarme en este momento tan difícil. Finalmente, llegó el 6 de mayo de 2017. Este fue el día de su funeral. El dolor era realmente insoportable. Le di a mi madre su último beso. Mientras continuaban los servicios, miré hacia arriba y vi a la enfermera de la UCI que la cuidaba. Un año antes, había perdido a su madre por cáncer. La iglesia estaba completamente llena, mientras celebrábamos el servicio de regreso a casa de mi madre. La mañana siguiente era el día de la madre y no pude reunir fuerzas para asistir a la iglesia. Dos días después de enterrar a mi madre, volví al trabajo. Fue una transición muy difícil. Podía oír a mi madre decir, "me he ido. Vuelve al trabajo y termina lo que has comenzado". El proceso fue muy difícil, pero oré mucho por fortaleza. Literalmente tuve que enseñar sobre algunos de los mismos temas con los que vi lidiar a mi madre. Hubo momentos en los que tuve que excusarme del salón de clases porque no podía contener las lágrimas.

Continué orando por fortaleza. Creo que, como cristiano y creyente, no hay parte de nuestras vidas donde Dios deba quedar fuera. Oré por dirección, sanidad, regulación de mi mente, cuerpo, fuerza y por los demás. Me encontré diciéndole a Dios, "gracias, Señor, por permitir que mi mamá viviera setenta años porque hay muchos que perdieron a sus mamás a edades mucho más tempranas". Mi oración y tiempo personal con Dios se intensificaron, porque el dolor era muy fuerte. A medida que las semanas se convirtieron en meses y en años, pude sentir la presencia de Dios en mi vida. Las lágrimas no eran tan regulares, mi mente era un poco más fuerte y mis clases se volvieron un poco más fáciles. Seguí agradeciendo a Dios por su gracia y misericordia. Me encantaría terminar este capítulo diciéndoles que me devolvieron el dinero, que ya no estaba en ejecución hipotecaria y que Dios me dio una nueva escuela. Sin embargo, nada de eso sucedió. Me tragué mi orgullo y me acerqué a varias personas a las que había ayudado en el pasado. Me mantuve en esta trayectoria durante aproximadamente tres años después del fallecimiento de mi madre.

Recuerdo bajar las escaleras un día para buscar un billete en el mostrador. En silencio reflexioné, "Dios, ¿cuándo vas a cambiar esta situación?" Mientras revisaba el correo, encontré una carta de mi compañía para el retiro. Abrí esta cuenta aproximadamente diez años antes y no había aportado ningún dinero desde el momento de la apertura. De hecho, había olvidado que la tenía. Tuve un impulso de Dios para abrir la carta. Durante este tiempo, Mark y yo no teníamos dinero. La abrí y había aproximadamente $9,000 en la cuenta. Estaba alucinada y comencé a ver cada vez más cómo Dios estaba dirigiendo mis pasos. Realmente me sentí como una niña acunada en los brazos de mi Padre celestial.

En enero de 2020, tenía una cita para visitar a mi ginecólogo para mi revisión anual. El médico que entró en la habitación era alguien a quien no había visto antes. Procedió con mi prueba de papanicolaou y examen de mamas. Una vez que los completó, expresó su preocupación por lo que había sentido en mi seno y en mi cuello uterino. Me explicó, además, que me daría una receta para hacerme una mamografía y una ecografía cervical. Mi nivel de ansiedad aumentó exponencialmente. Para empeorar mi preocupación, estaba la espera de la aprobación de mi seguro médico. Esto simplemente significaba que todos los gastos debían pagarse de mi bolsillo. Recuerdo llamar a mi papá y explicarle la situación y pedirle ayuda financiera. Después de escuchar atentamente, respondió, "¿cuánto necesitas?". Le di una cifra estimada y simplemente dijo, "no hay problema. ¿Cuándo quieres pasar a recogerlo?". Respondí de manera infantil, "gracias, papi".

Al día siguiente, llamé para programar una cita para que me hicieran la mamografía. Desafortunadamente, estaban ocupados por los próximos dos meses. Eso fue extremadamente poco ortodoxo, pues que había estado viniendo a la misma empresa durante años y nunca tuve una espera tan larga para programar una cita. La recepcionista dijo que, si necesitaba una cita antes, había una oficina en Orlando con disponibilidad en unos pocos días. Procedí a asegurar la cita.

Finalmente, llegó el día programado para realizarme la mamografía. Me registré. Mientras esperaba, noté a esta joven que entró mientras hablaba por su teléfono celular. Se registró y luego la llamaron a la parte de atrás. Aproximadamente diez minutos después, me llamaron a ese mismo lugar. Después de ponerme la bata y esperar a que me llamaran a la habitación, vi a la joven que había visto anteriormente en el vestíbulo. Saludé y la conversación continuó. Expresó su ansiedad porque, históricamente, después de sus mamografías, siempre tenía que hacer un seguimiento con una ecografía debido a la historia de problemas con su seno. Después de escuchar sus preocupaciones, le pregunté si podía orar por ella y ella respondió de inmediato, "sí, por favor". Inmediatamente después de la oración, me llamaron a la habitación para completar mi procedimiento. Más tarde salí y ella todavía estaba esperando a ser atendida. Le di mi número de teléfono para llamar una vez que se completó el ultrasonido. Recibí una llamada de ella aproximadamente entre treinta y cuarenta y cinco minutos después. Simplemente estaba eufórica de que el informe de la ecografía fuera negativo. Ambas empezamos a dar gracias a Dios. Más tarde me di cuenta de cómo Dios me redirigió a esa instalación para simplemente orar por alguien que necesitaba oración en ese momento. Dios sabe lo que necesitamos y cómo usarnos a cada uno de nosotros para ser una bendición para los demás.

Mi rutina, que incluía pasar tiempo con Dios todos los días, continuó. La Escritura dice, "Dios no te dejará ni te desamparará y no es hombre para que mienta (Heb. 13:5; Núm. 23:19)". Dios no es un microondas. Hablando metafóricamente, opera como el horno convencional. No cruzarás la línea de meta corriendo, sino que, simplemente, te acoplarás al ritmo del viaje.

CAPÍTULO SEIS

MI AÑO DE SUPERACIÓN

El año de 2020 ha introducido un nuevo nivel de gigantes para todos. Este año ha llevado a la nación a una pandemia. Como nación, nos enfrentamos a un proceso de enfermedad sin precedentes, donde se han perdido muchas vidas. El COVID-19 ha creado una vida como nunca antes se había visto. "El virus COVID-19 se propaga principalmente a través de gotitas de saliva o secreción nasal cuando una persona infectada tose o estornuda" (Organización Mundial de la Salud, 2020). El virus ha cobrado la vida de tantos. Su potencia llevó al cierre de nuestro país. Se cerraron muchos negocios, las personas perdieron sus trabajos, los problemas de salud mental estaban en su punto más alto, las tasas de criminalidad se elevaron y las personas se vieron confinadas en sus hogares, fuera del trabajo o para comprar alimentos.

Soy una profesora convencional, presencial. De repente me encuentro ante una orden del gobierno como tantas otras de no salir de mi casa. Experimenté una inquietud extrema, pues no estaba segura de cómo navegar a través de esta nueva forma de vida. Mi hija mayor, que también es educadora, me dijo que necesitaba aprender a enseñar en línea. Añadió que ella y su esposo me ayudarían a aprender el proceso.

Di un paso de fe y anuncié mi primera clase virtual. Tenía que encontrar a Dios en este nuevo lugar. De repente, comencé a recibir graduados que estaban listos para tomar el curso. Estaba eufórica. Esto era otro nivel. Dios apareció en este nuevo lugar y me sostuvo con ingresos durante la pandemia. Continué el mismo proceso durante meses y Dios siguió ayudándome en este nuevo lugar.

Aproximadamente nueve meses después, un par de estudiantes se acercaron a mí para pedir ayuda. Su programa de enfermería estaba experimentando problemas con puntuaciones bajas en el NCLEX e impidió que los estudiantes pudieran graduarse. Simplemente respondí que solo estaba completando un proceso de enseñanza y que ya no aceptaba nuevos estudiantes. Una estudiante en particular fue implacable. No se daba por vencida y me llamaba todos los días, esperando una respuesta diferente. Finalmente dije, "déjame orar y ver si esto es de Dios". Su respuesta fue, "está bien, Dra. Miller". Aproximadamente dos o tres días después, me desperté temprano y cuando comencé a levantarme, el Espíritu santo habló en mi espíritu y me recordó que le había dicho, "Dios, ayuda a las personas a ver tu gloria en mi vida". Más tarde descubrí que esta estudiante había estado orando a Dios, pidiendo ayuda. Hablé con ella más tarde ese día. De repente, recibí aproximadamente veinte estudiantes más de la misma escuela. Mis ingresos aumentaron en $12,000 adicionales por mes. Estaba realmente estupefacta por lo que Dios había hecho. Efesios 3:20 dice que "Dios hará todas las cosas mucho más abundantemente de lo que pedimos o entendemos, según el poder que actúa en ti". Sabía que estaba ocurriendo un cambio en mi vida.

Compartí esta maravillosa noticia con mi esposo, mi compañero de oración y amiga muy cercana, Charlotte, mis hijos, algunos miembros de mi familia y mi pastora anterior, a quien ahora me refiero como mi segunda madre, la pastora Smith. Quería que todos supieran la obra maravillosa que Dios estaba haciendo en mi vida. Sentí en mi espíritu que Dios no había terminado. Tenía un espíritu de expectativa y realmente creía que el próximo paso era un trabajo como decana de un programa de enfermería. Di un paso de fe y compré un traje nuevo para mí anticipada entrevista. Aproximadamente dos meses después, recibí una llamada sobre un puesto como decana de un programa de enfermería. Literalmente, olvidé que había enviado la solicitud. Aproximadamente una semana después, me entrevistaron para el puesto. Una estudiante me dijo dos meses antes que Dios le dijo en el espíritu que alguien me estaba buscando. También profetizó que debería buscar una ventana grande y una estantería de color vino tinto. Después de la entrevista, el propietario dijo, "me gustaría mostrarle su oficina". La oficina tenía una gran ventana y una estantería de color vino tinto. ¡A mi Dios sea la gloria!

CONCLUSIÓN

Al cerrar esta parte del libro, me gustaría decir que mi viaje no está completo. Me he instalado en mi nueva posición como decana de una universidad. Actualmente estoy completando el curso con Millers College of Nursing y avanzando con el programa de recuperación. Mi lealtad es para mi Señor y Salvador. En mi ruta diaria hacia el nuevo trabajo, o en un día en el que estoy sentada en casa, sigo invitando a Dios a participar en todo. Simplemente, no soy nada sin Dios. Vivimos en un mundo lleno de odio, en el que mueren tantas personas a diario. Mateo 24:12 dice, "y por haberse multiplicado la maldad, el amor de muchos se enfriará". El mundo necesita a Jesús. Debemos reconocer que no somos absolutamente nada sin Él.

Necesito que mi esposo, mis hijos y aquellos que están dentro y alrededor de mí sepan y vean a través de mí cuán real es Dios en verdad. Deliberadamente, paso junto a personas conocidas y desconocidas, y los saludo con una sonrisa o simplemente con un humilde "hola", porque estoy consciente de aquellos que pueden estar lidiando con enfermedades en sus cuerpos, de quienes necesitan que sus mentes estén reguladas, de quienes no tienen hogar o luchan con la pérdida de un ser querido. Dios me ha permitido experimentar la pérdida en muchos niveles. Como resultado, me ha llevado a un nuevo plano. El mundo no puede ver el dolor que he soportado, pero ven el éxito que he logrado.

Has de saber que, a pesar de todo, Dios me cubrió y no hubiera sido posible sin Él. Por lo tanto, considera el camino de Jesús: soportó el sufrimiento de la cruz para que podamos tener una segunda, una tercera o tantas oportunidades como sea necesario. ¡Dios es tan fiel! Debemos confiar en Él en las buenas y en las malas. No me rendiré hasta que haya logrado todo lo que Él se ha propuesto para mí.

Me gustaría animar a cualquiera que haya leído este libro a unirse a mí en este camino de Jesús de ayudar a los demás. Hebreos 13:16 dice, "no dejen de hacer el bien y de compartir lo que tienen, porque tales sacrificios agradan a Dios". Gálatas 6:2 dice, "llevad las cargas los unos de los otros y cumplid así la ley de Cristo". Filipenses 2:4:, "que cada uno mire no solo sus propios intereses, sino también los de los demás".

Ruego que mi transparencia en este libro inspire y anime a las personas a buscar primero a Dios y su justicia. Luego, con paciencia, descubrirán sus sueños, metas y la manifestación de las bendiciones de Dios en abundancia. Quisiera reiterar que puede que no suceda de acuerdo a tu tiempo, pero puedo asegurarles, absolutamente, que si esperan, no se sentirán decepcionados.

BIBLIOGRAFÍA

East, L., Jackson, D. J., O'Brien, L,O. (2006). Father absence and adolescent development: a review of the literature. Journal of child health, 10 (4),283-295. DOI 10.1177/136749350606869

ACERCA DE LA AUTORA

La Dra. Telva Miller es educadora en enfermería y, actualmente, es decana del Riggs College of Allied Health y directora ejecutiva de Miller's Nursing Review. Disfruta de compartir y difundir la Palabra de Dios a los demás. Ruega que este libro sea una inspiración para otros en su viaje personal con Dios y, de ser así, pueden enviarle un correo electrónico a telvamiller@aol.com

Printed by Libri Plureos GmbH in Hamburg, Germany